Spanish

Reading Comprehension

Level 1

Published by Instructional Fair • TS Denison
an imprint of

Editors: Sara Bierling, Arlene Mickols, Jo Ann Spencer
Cover Design: Matthew Van Zomeren
Translation: Languages International
Inside Illustrations: Shauna Mooney Kawasaki

Children's Publishing

Published by Instructional Fair • TS Denison
An imprint of McGraw-Hill Children's Publishing

Send all inquiries to:
McGraw-Hill Children's Publishing
3195 Wilson Drive NW
Grand Rapids, Michigan 49544

Spanish Reading Comprehension—level 1
ISBN: 0-7424-0232-0

2 3 4 5 6 7 8 9 PHXBK 08 07 06 05 04 03

The McGraw-Hill Companies

Tabla de contenido

Nombre ____________________

No estás nunca solo

Manuel estaba contento cuando se enteró que tenía las mismas clases con doce de sus amigos. La siguiente diagrama enseña dónde estan sus amigos. Pon un **X** al lado cada clase en el horario de los amigos.

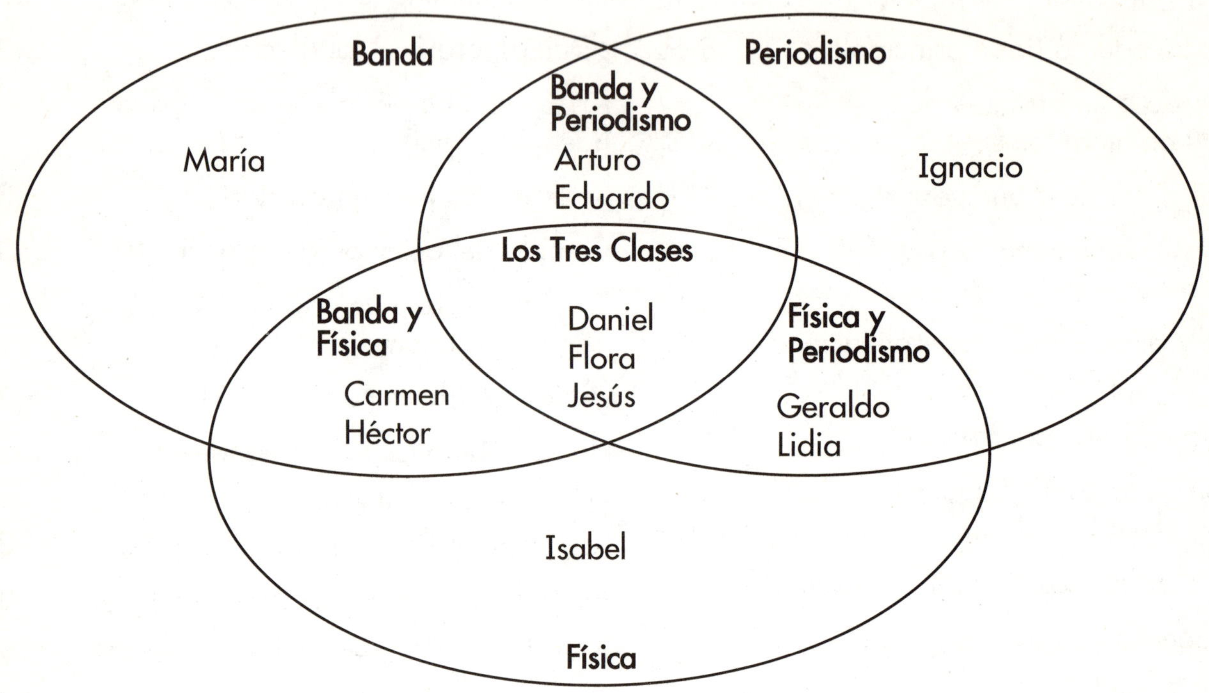

Nombre	Banda	Física	Periodismo
Arturo			
Isabel			
Carmen			
Daniel			
Eduardo			
Flora			
Geraldo			
Héctor			
Ignacio			
Jesús			
María			
Lidia			

Nombre ______________________________

Lluvia, lluvia vete ya

¡Bang! ¡Bum! Llueve. Oscar hace un dibujo. Juega con su yo-yo. Juega un juego con su abuelo. A Oscar le gustan los truenos, pero extrañaba el sol. Abuelo le dice que tenga paciencia.

Oscar espera a que se acabe la lluvia. Ve el sol. "Abuelo", dice. "Vayamos afuera. Vayamos a buscarlo". Oscar y su abuelo salen corriendo. Miran al cielo. Miran y miran. Abuelo dice, "Hagamos uno".

"Buena idea", dice Oscar. Él corre a la casa y trae la manguera.

¿Qué querían encontrar Oscar y su abuelo?
Haz un círculo en Sí o No para cada respuesta.

1. Estaban buscando caracoles. Sí No
2. Estaban buscando lombrices. Sí No
3. Estaban buscando un arco iris. Sí No
4. Estaban buscando perros y gatos. Sí No

5. ¿Qué piensas que Oscar y su abuelo harán con la manguera?

____

____

____

____

Nombre ______________________________

¿Y luego qué sucede?

Lee los cuentos en esta página. Colorea el dibujo que muestra lo que sucede.

1. A Jon le encanta visitar a su abuela. Ella vive al lado. Él la visita cada vez que puede. Jon termina temprano su tarea. ¿Y luego qué sucede?

2. Ana empieza a regar las flores. Su amiga la invita a venir a su casa. Ellas juegan. ¿Y luego qué sucede?

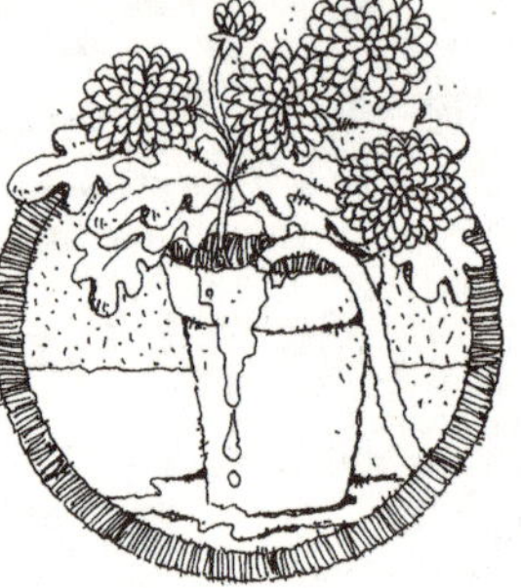

3. Li recoge fresas. Las lava bien. Las pone en un bol con trocitos de banana. ¿Y luego qué sucede?

4. Dina es buena y amable. Ella piensa en los demás y en lo que necesitan. El hermano de Dina regresa de la escuela llorando.
¿Y luego qué sucede?

Nombre ______________________

En la selva tropical

¿Qué tienen en común las hormigas, los loros, los monos, los sapos y las culebras? Los puedes ver a todos en la selva tropical. Algunos de estos animales son mamíferos. Algunos son pájaros. Algunos son anfibios. Algunos son reptiles. Estos animales vienen en muchos colores. Viven comiendo una gran variedad de cosas. Este cuadro te dirá algo sobre algunos animales de la selva tropical.

Animal	Tipo de animal
Loro	pájaro
Hormiga	insecto
Jaguar	mamífero
Culebra	reptil
Sapo	anfibio
Mono	mamífero

Díbujar una línea entre cada pregunta y el animal indicado.

1. ¿Cuál animal es un anfibio?

2. ¿Cuáles animales son ambos mamíferos?

3. ¿Cuál animal es un reptil?

4. ¿Cuál animal es un insecto?

Nombre ____________________

Trabajo en equipo

Los seres vivientes pueden trabajar en equipo. Algunos pececitos comen la comida de los dientes de los peces grandes. Los peces grandes tienen así los dientes limpios.

A veces los animales se ayudan mutuamente para estar a salvo. Un animal puede ver bien. El otro animal puede oír bien. Los animales se quedan cerca. Un animal escucha. El otro animal mira.

Las hormigas pueden obtener su comida para algunos pequeños insectos. De esta manera las hormigas ayudan a proteger a los pequeños insectos de los insectos más grandes.

Las plantas también trabajan bien con los animales. Las plantas ayudan a hacer el aire que respiramos. El aire que exhalamos ayuda a que las plantas crezcan. Las plantas también proporcionan los alimentos que los animales necesitan. Las abejas usan el polen para alimentar a sus hijos, y ayudan a que las plantas se reproduzcan.

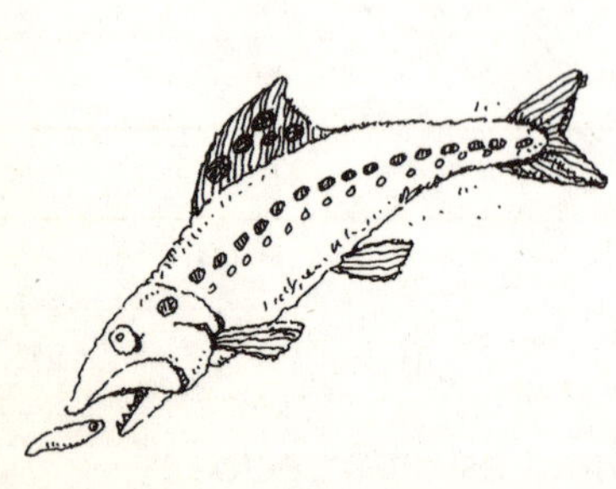

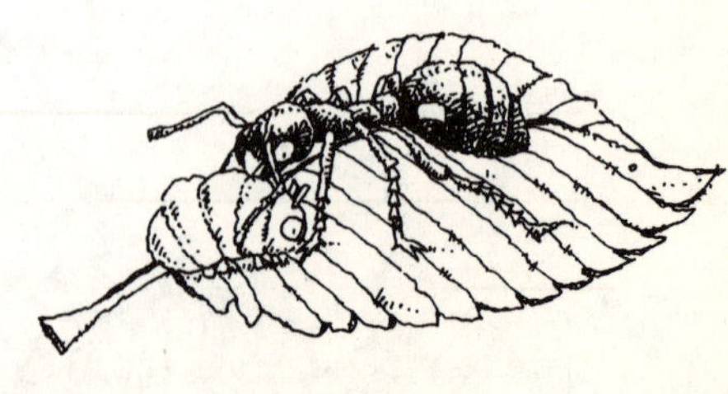

Nombre ____________________

Haz un círculo o escribe la respuesta correcta.

1. Este cuento se trata principalmente de...

   a. insectos. b. hormigas. c. equipos de animales.

2. Los pececitos a veces limpian los dientes de ____________________.

3. Las hormigas ayudan a proteger a los pequeños insectos de ____________________.

4. Los animales se pueden ayudar mutuamente a permanecer...

   a. asustados. b. seguros. c. grandes.

5. Las plantas ayudan a los animales a ____________________.

6. ¿Cómo ayudan las abejas a las plantas? ____________________

7. Escribe la idea principal del artículo en dos o tres oraciones. ____________________

8. Describe una manera en que puedes trabajar con otra persona en equipo. ____________________

Nombre ______________________________

De acuerdo o en desacuerdo

Tessa tenía un perro con orejas cortas. David tenía un gato con orejas cortas. David pensaba que los gatos eran más lindos que los perros. Tessa pensaba que los perros eran mejores mascotas que los gatos. Tessa y David hablaron acerca de los sonidos que hacían sus mascotas. Los gatos maúllan. Los perros ladran. Tanto los perros como los gatos gruñen a veces. David dijo que los perros eran más ruidosos que los gatos.

David pensó que su gato era la mejor mascota del mundo. No necesita que la ayuden para ir al baño o bañarlos. Y, puede encontrar su propia comida. Tessa pensó que su perro era la mejor mascota del mundo. Siempre la hace sentir mejor cuando ella está triste. Duerme en su cama y la mantiene tibia durante la noche. Tessa y David se pusieron de acuerdo en estar en desacuerdo.

Haz un círculo en **H** si la oración es un hecho. Haz un círculo en **O** si la oración es una opinión.

H O 1. Los gatos son más lindos que los perros.

H O 2. Los perros son mejores mascotas que los gatos.

H O 3. Los gatos maúllan.

H O 4. Los perros ladran.

H O 5. Los perros son más ruidosos que los gatos.

H O 6. El perro de Tessa es el mejor perro del mundo.

H O 7. Los gatos necesitan menos atención.

H O 8. Los perros hacen que la gente se sienta mejor.

9. Escribe un párrafo dando tu opinión sobre por qué los gatos son mejores que los perros o viceversa.

____

____

____

____

Nombre ____________________

Duplicar datos

Utiliza la primera diagrama para responder a las siguientes preguntas.

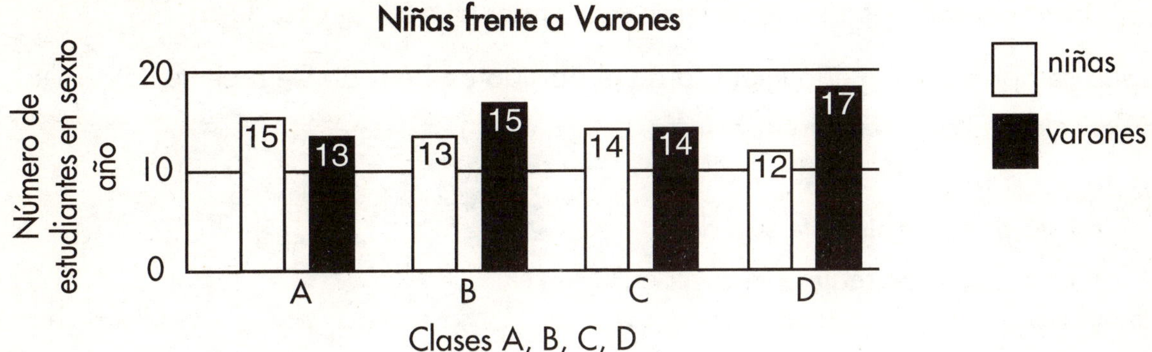

1. ¿Cuántas niñas hay en el sexto grado? ____________________
2. ¿Cuántos varones hay en las clases B y C? ____________________
3. ¿Cuántos estudiantes hay en las clases A y D? ____________________
4. ¿Hay más niñas o varones en el sexto año? ____________________
5. ¿Cuántos estudiantes hay en total? ____________________

Utiliza la segunda diagrama para responder a las siguientes.

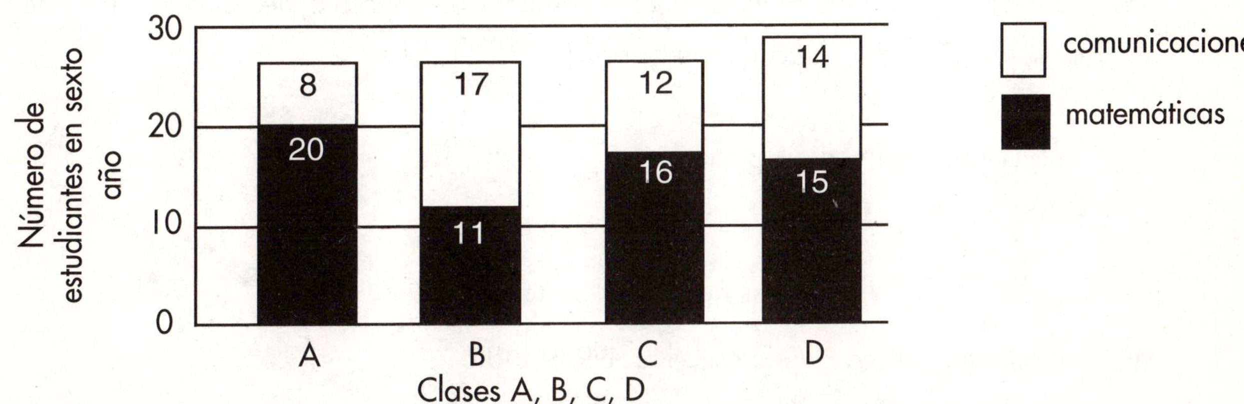

6. ¿Qué clase tiene más estudiantes que prefieren matemáticas? ____________________
7. ¿Cuál tiene más estudiantes que prefieren comunicaciones? ____________________
8. ¿Cuál de las clases parece estar dividida de manera más pareja? ____________________
9. ¿Hay más estudiantes que prefieren matemáticas o comunicaciones? ____________________
10. ¿Por cuántos estudiantes? ____________________

Nombre ______________________________

¿Puede esto realmente suceder?

Lee cada cuento. Decide si cada uno podría realmente suceder. Haz un círculo alrededor de la respuesta correcta.

1. Zena se apuró. No quería llegar tarde al partido de béisbol. De repente, le crecieron alas en su espalda. Ella voló hasta la cancha.

    - Esto puede realmente suceder
    - Esto no puede realmente suceder

2. El sol caliente del verano secó al jardín. Alex quería que sus plantas crecieran. Fue a buscar la manguera y regó sus plantas.

    - Esto puede realmente suceder
    - Esto no puede realmente suceder

3. David ahorró dinero todo el mes. Quería comprar un regalo especial para su abuelo. Compró un libro sobre pintura. Sabía que le gustaría a su abuelo.

    - Esto puede realmente suceder
    - Esto no puede realmente suceder

4. Michelle estudió acerca de las estrellas. Ella estudió acerca del planeta Marte. Michelle sacó a estrellas del cielo. Hizo unas escaleras con las estrellas.Subió arriba de su escalera de estrellas hasta Marte.

    - Esto puede realmente suceder
    - Esto no puede realmente suceder

Nombre ____________________

Pájaros y dinosaurios

¿Qué tienen todos los pájaros en común? Todos tienen plumas. No hay ningún pájaro con escamas. ¿Qué es diferente de los pájaros? Algunos pájaros viven en cavernas. Pueden volar en la oscuridad e igual saben a dónde van. La mayoría de los pájaros viven afuera de las cavernas. Les encanta volar en el cielo.

Escribe la palabra correcta en cada espacio en blanco.

1. ____________________ los pájaros pueden volar en la oscuridad.
2. ____________________ los pájaros tienen plumas.
3. ____________________ los pájaros tienen escamas.
4. ____________________ los pájaros viven afuera de las cavernas.

Banco de palabras

La mayoría de	Todos
Ningunos de	Algunos de

Los dinosaurios vivieron hace mucho tiempo. Todos los dinosaurios eran reptiles, como los lagartos. Pero no todos los dinosaurios eran grandes. Algunos eran tan pequeños como las gallinas. Algunos dinosaurios comían a otros animales. Muchos dinosaurios sólo comían plantas. Cuando los dinosaurios estaban vivos no habían personas.

Escribe la palabra correcta en cada espacio en blanco.

5. ____________________ los dinosaurios comían carne.
6. ____________________ los dinosaurios eran reptiles.
7. ____________________ persona estaba viva cuando los dinosaurios estaban vivos.
8. ____________________ los dinosaurios sólo comían plantas.

Banco de palabras

Algunos de	Todos
Ninguna	Muchos de

Nombre ____________________

Un Año en mi Vida

Esta tabla de contenido viene de un libro que se llama *Un Año en mi Vida*.

TABLA DE CONTENIDO

Consulta la tabla de contenido del libro *Un Año en mi Vida* para seleccionar la respuesta correcta.

1. ¿En qué página empieza el capítulo 9?
   a. 229
   b. 101
   c. 156
   d. No puedo decir a partir de la información que tengo.

2. ¿En qué página termina el Capítulo 14?
   a. 246
   b. 259
   c. 262
   d. No puedo decir a partir de la información que tengo.

3. ¿Cuál capítulo empieza en la página 177?
   a. El Capítulo 7 "Todo se vuelve verde"
   b. El Capítulo 9 "Se acabaron las clases"
   c. El Capítulo 10 "La temperatura sube"
   d. El Capítulo 14 "Las campanas de la escuela"

Nombre ____________________

4. ¿Cuál es el título del Capítulo 2?
   a. "La casa junto al lago"
   b. "La fiesta de Halloween"
   c. "Pescar"
   d. "Lugares para nadar y rociadores"
5. ¿En qué capítulo te parece que los niños jugaron con el tobogán?
   a. Capítulo 2
   b. Capítulo 6
   c. Capítulo 7
   d. Capítulo12
6. ¿Qué época del año te parece que es en el Capítulo 10?
   a. primavera
   b. verano
   c. otoño
   d. invierno
7. ¿Cuántas páginas hay en el Capítulo 6?
   a. 17
   b. 117
   c. 16
   d. no puedo decir de la información que tengo.

Nombre ______________________

Solución de la contaminación

La contaminación del aire ocasiona muchos problemas. Hace que el aire no sea bueno para respirar. Muchas personas se enferman al respirar aire que está contaminado. Hay algunas sustancias químicas en el aire que pueden ocasionar cáncer. La contaminación del aire hace que la temperatura del aire suba. La contaminación del aire también contamina el agua y el suelo. El humo también ocasiona contaminación del aire. El humo que se produce al quemar combustibles puede depositar productos químicos peligrosos en el aire. Los autos, los aviones, los barcos y los trenes pueden ocasionar la contaminación del aire. Ésta es la causa principal de la contaminación del aire en una gran cantidad de países. Los productos químicos provenientes de las granjas y de las casas pueden contribuir a la contaminación del aire.

¿Qué puede hacer la gente para ayudar a detener la contaminación del aire y hacer que el aire sea más seguro? La gente puede plantar más árboles. Los árboles pueden eliminar el aire contaminado y ayudar a darnos un aire más fresco. La gente puede encontrar una manera más segura de quemar la basura y el combustible. El manejar menos autos reducirá la contaminación. La gente puede hacer una diferencia.

Nombre ____________________

Escribe tus respuestas a estas preguntas sobre la contaminación del aire.

1. Enumera dos maneras en que la contaminación del aire afecta a la gente.

2. Enumera dos maneras en que la contaminación del aire afecta a la naturaleza.

3. Identifica tres cosas que ocasionan la contaminación del aire.

4. Identifica dos cosas que la gente puede hacer para ayudar a detener la contaminación del aire.

resumir

Nombre ______________________________

La Tierra es un rompecabezas

¿Has pensado alguna vez que la superficie de la Tierra es como un rompecabezas? La capa exterior de la Tierra se llama la corteza. La corteza está formada de partes separadas que se llaman placas. Estas placas se unen como las piezas de un rompecabezas. Aunque parecen estar conectadas, se mueven por separado. Pueden aparecer montañas en el lugar en que chocan las placas. Los terremotos pueden ocurrir cuando las placas se deslizan una junto a otra. Es importante que los científicos sepan cómo encajan estas piezas. Este conocimiento les ayudará a predecir terremotos y erupciones volcánicas. Al estudiar los movimientos de las placas, ellos pueden entender cuál era el aspecto de la Tierra hace mucho tiempo atrás.

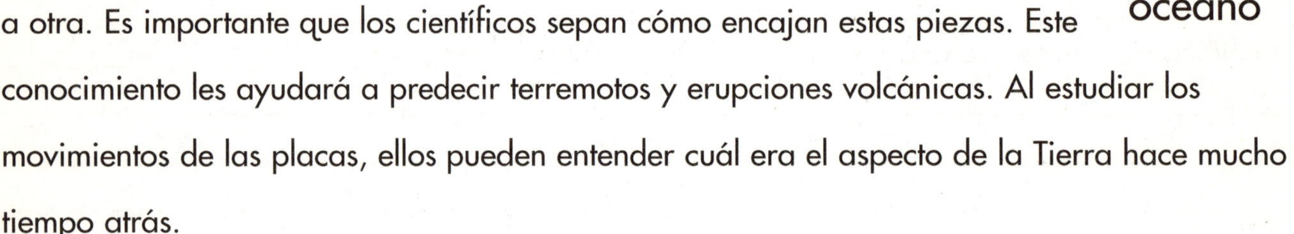

En tus propias palabras, describe de qué manera la Tierra es un rompecabezas.

____

____

____

____

____

____

____

____

____

Nombre ______________________________

¿Qué dinero?

Algunas de las primeras monedas emitidas por los Estados Unidos en los años 1700 tenían nombres diferentes de los que tienen ahora. Utiliza las claves para llenar el cuadro. Luego responde a las siguientes preguntas.

Claves:

- La "half-eagle" vale cinco dólares.
- "Disme" es el nombre que se le daba antes a la "dime".
- Un centavo "fugio" no vale diez dólares.
- El valor de una "half-disme" es la mitad del valor de una "dime".

	$10.00	$5.00	$0.10	$0.05	$0.01
half-disme					
eagle					
centavo fugio					
disme					
half-eagle					

1. Una "half-disme" tenía un valor de ______________________________.
2. ¿Qué moneda tenemos hoy que tiene el valor original de una "half-disme"? __________.
3. Una "eagle" tenía un valor de ______________________________.
4. Un centavo "fugio" tenía un valor de ______________________________.
5. ¿Qué moneda tenemos hoy que tiene el valor original de un centavo "fugio"? __________.
6. Una "disme" tenía un valor de ______________________________.
7. Una "half-eagle" tenía un valor de ______________________________.

Nombre ____________________

Trompas y cuellos

Los elefantes y las jirafas son similares porque son mamíferos. Los elefantes y las jirafas son ambos animales. También viven en el mismo lugar. Ambos viven en África. Son diferentes porque uno tiene una trompa larga y el otro tiene un cuello largo. La jirafa es el animal más alto. El elefante es el segundo más alto. El elefante es gris, y la jirafa es amarilla y marrón. El elefante tiene una piel suave. Solamente tiene un poco de pelo. La jirafa está cubierta de pelo suave.

Ambos animales deben buscar su comida cuando tienen hambre. El elefante busca la comida cerca del suelo y en los árboles bajos. Utiliza su trompa larga para recoger hierbas y arbustos y traerlos hasta su boca. La jirafa busca en la parte más alta de los árboles. Puede comer hojas de los árboles altos porque tiene patas largas y un cuello largo.

Los elefantes y las jirafas dan a luz a bebés vivos. Ambos cuidan a sus bebés. Los bebés de las jirafas y los elefantes beben leche para sobrevivir.

Nombre ______________________________

Escribe lo siguiente en las partes correctas del diagrama.

mamífero	animal	gris	cuello largo	recoge con la trompa
pelo suave	animal más alto	piel suave	patas largas	vive en África
bebés vivos	trompa larga		amarillo y marrón	
busca la comida en los árboles altos			los bebés comen leche	

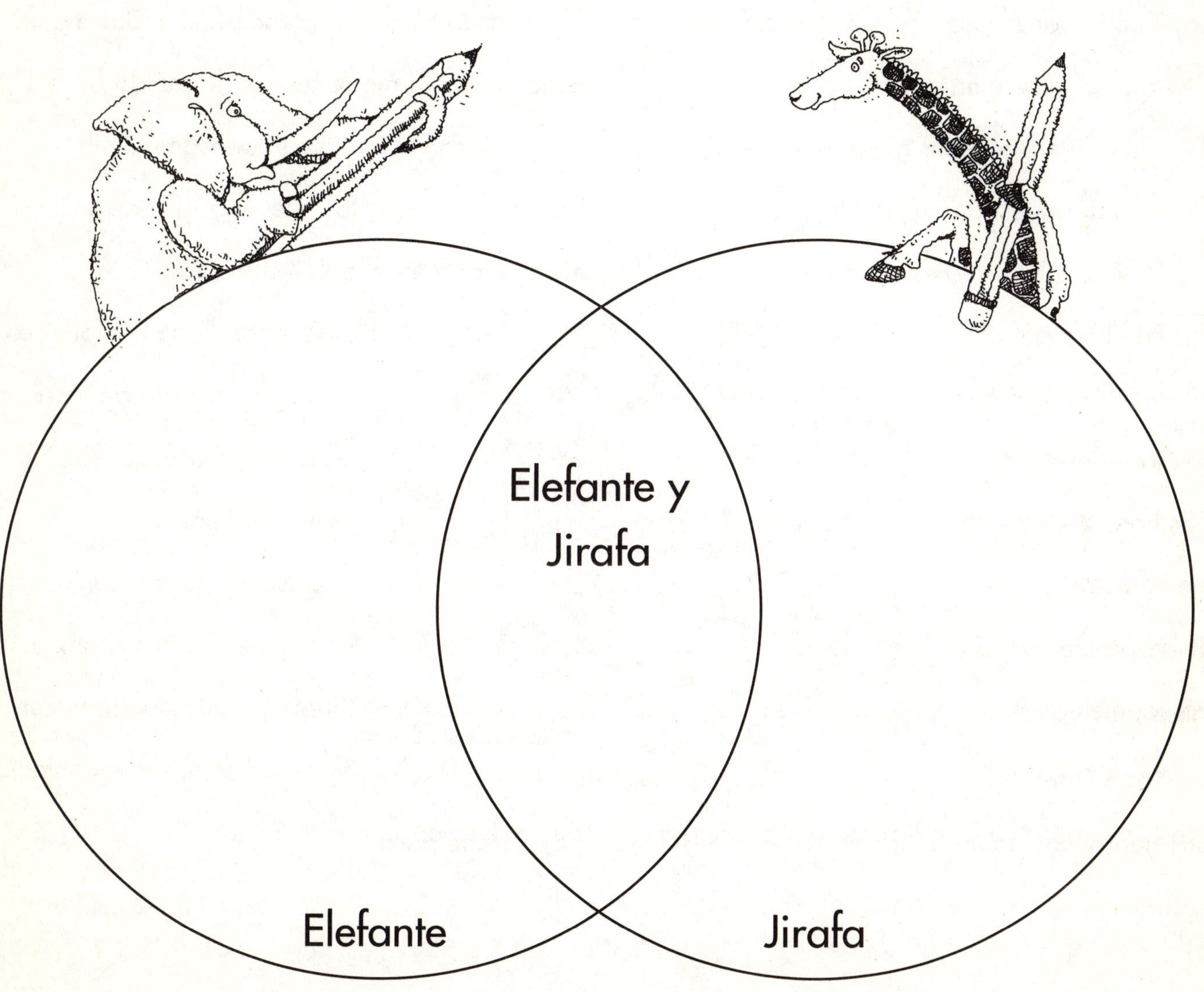

Nombre ______________________________

¡Puedo hacerlo!

"Vamos a participar del concurso para hornear", exclamó Inez. "Necesitamos una persona más en nuestro equipo. Ricardo, ¿te gustaría estar en nuestro equipo?

"Ustedes me conocen", dijo Ricardo. "No soy bueno para los concursos. Voy a hacer algún error y arruinar todo".

"Pero tú horneas las mejores tortas. Por favor, ven a nuestro equipo," le rogó Inez.

"Bueno, pero sólo esta vez," dijo Ricardo.

En el concurso, todos ayudaron. Se midió y pesó todo. "Es hora de ponerlo en el molde", dijo Inez. Se dio vuelta rápidamente. ¡Bam! El bol se cayó de la mesa. La masa se desparramó por el suelo.

"¿Qué vamos a hacer?", preguntó Inez. Sus ojos se abrieron cada vez más grandes. "¡Ayúdanos, Ricardo! Tú eres el único que puedes hacer bien la mezcla! ¡Ayúdanos por favor!

Ricardo respiró profundamente. Sus manos temblaron. "Si me necesitan, lo puedo hacer!", él dijo. Ricardo midió cuidadosamente la harina, el azúcar, los huevos y la soda y mezcló todo en el bol. Actuó rápidamente.

Cuando llegó el momento de juzgar, la torta de Ricardo recibió el laso azul. Todo su equipo festejó.

Después del concurso, Ricardo le dijo a sus amigos, "Supongo que puedo hacer las cosas bien. Estoy contento que entramos juntos al concurso".

Nombre ______________________

Escribe en los siguientes cuadros. Di qué sucede al comienzo, en la mitad y al final del cuento.

Comienzo

Mitad

Final

Nombre ____________________

¿Qué van a hacer?

Lee cada cuento. Haz un círculo en la respuesta correcta.

Más que nada, Joshua quiere ser un actor. Él toma clases de actuación. Ha actuado en obras de teatro en la escuela y en la iglesia. Tiene la posibilidad de estar en otra obra de teatro. Hay muchas personas importantes que verán la obra. Tiene que hacer una prueba esta tarde. El teléfono suena. Ramón, el amigo de Joshua, está llamando. Él quiere que Joshua venga a jugar al fútbol esta tarde.

1. ¿Qué hará Joshua?
   a. Joshua irá a la casa del amigo.
   b. Joshua hará la prueba para la obra de teatro.

2. ¿Qué harías tú, y por qué?

____

____

____

Durante dos años, Dalia ha estado corriendo carreras con su bicicleta después de las clases. Ella ha ganado muchos trofeos. Está cansada de las carreras de bicicleta. Ella quiere probar algo nuevo. La maestra de Dalia cree que Dalia es una buena nadadora. Ella le pide que nade en el equipo de natación después de las clases.

3. ¿Qué hará Dalia?
   a. Dalia nadará en el equipo de natación.
   b. Dalia correrá carreras con su bicicleta.

4. ¿Qué harías tú, y por qué?

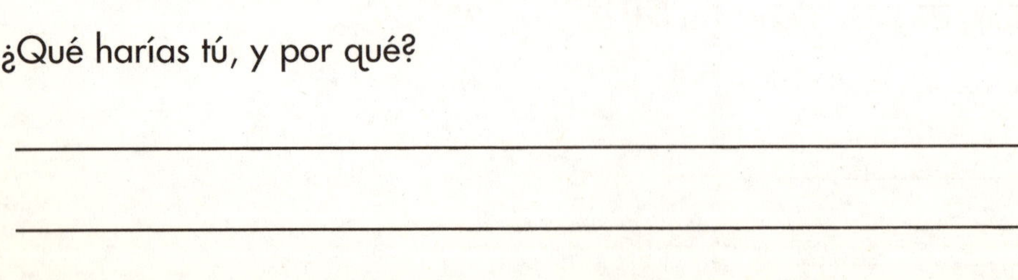

Nombre ____________________

Todos los animales tienen que comer para mantenerse vivos. Las ardillas comen nueces. Las ballenas comen plantas acuáticas y animales. Las personas comen, a veces, todas estas cosas. Otros animales comen muchas cosas diferentes. Una ardilla tiene hambre. No ha comido por varios días. Ve plantas acuáticas y nueces.

5. ¿Qué hará la ardilla?
   a. La ardilla comerá las nueces.
   b. La ardilla comerá las plantas acuáticas.

6. ¿Qué harías tú, y por qué?

____

____

____

Lucy quiere a su tío. Él la trata de manera muy especial. Siempre le trae algo especial cuando la visita. Lucy quiere comprar un regalo de cumpleaños para su tío. Le gusta pescar, y quiere comprarle un libro sobre la pesca. Pero ella no tiene suficiente dinero. Lucy ahorra su dinero durante dos meses. Finalmente, tiene suficiente dinero para el libro.

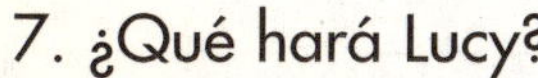

7. ¿Qué hará Lucy?
   a. Lucy se comprará un nuevo juego de video.
   b. Lucy comprará un libro de pesca para su tío.

8. ¿Qué harías tú, y por qué?

____

____

____

Nombre ______________________

¡Qué manera de crecer!

Stefán planta un huerto. Él planta tomates, lechugas y frijoles en donde les dará mucho el sol. Él riega sus verduras. Les da de comer comida para las plantas.

Roberto también planta un huerto. Él planta melones, fresas y flores en un lugar con muy poco sol. Él no riega sus plantas. No les da de comer comida para plantas.

Usa palabras para describir qué aspecto tendrán los huertos este verano. Puedes usar un diccionario como ayuda. Escribe los nombres de los niños arriba de sus jardines.

Escribe lo que te gustaría plantar en un huerto y qué harías para que creciera.

Nombre ____________________

Caminar por la luna

¿Cómo es caminar por la luna? Los astronautas Neil Armstrong y Buzz Aldrin caminaron por la luna. Ellos sacaron fotos. La gente en la Tierra vio las fotos en la televisión. Los astronautas juntaron rocas y polvo en la luna. Luego regresaron a la Tierra en el Apollo II. Apollo II cayó en el océano. Los astronautas se convirtieron en héroes.

Responde.

1. ¿Cómo se llamaba la primera misión que alunizó?
   ____
2. ¿Quiénes eran los astronautas que caminaron por la luna?
   ____
3. ¿Cómo supo la gente de la Tierra cuál era el aspecto de la luna?
   ____

Haz un círculo en **Sí** o **No** para cada oración.

4.	Neil Armstrong miró la televisión en la luna.	Sí	No
5.	Buzz Aldrin caminó por la luna.	Sí	No
6.	Los astronautas juntaron rocas en la luna.	Sí	No
7.	La gente miró las fotos de ellos en la luna.	Sí	No
8.	Apollo II cayó en el océano.	Sí	No

Haz un círculo en **H** u **O** para decir si los siguientes son hechos u opiniones.

9.	Los astronautas fueron unos héroes.	H	O
10.	Neil Armstrong y Buzz Aldrin fueron valientes.	H	O
11.	Apollo II aterrizó en el agua.	H	O
12.	La misión de Apollo II fue ir a la luna.	H	O

Nombre ____________________

Planetas y lunas

¿Cuántas lunas ves cuando miras al cielo de noche? Ves solamente una, por supuesto. La Tierra tiene una sola luna. La luna es el vecino más cercano de la Tierra. Gira alrededor de la Tierra una vez cada 27 días 1/3. El hombre alunizó por primera vez en 1969. ¿Sabes que otros planetas tienen más de una luna? Algunos no tienen ninguna. Júpiter y Saturno tienen lunas que miden más de 3,000 millas (5,000 km). Júpiter tiene las lunas más grandes.

Mira al siguiente cuadro para ver cuántas lunas tiene cada planeta.

Planeta	Número de lunas
Mercurio	0
Venus	0
Tierra	1
Marte	2
Júpiter	16
Saturno	18
Urano	15
Neptuno	8
Plutón	1

Nombre ______________________________

Escribe el nombre de la planeta correcta después de cada pregunta.

1. ¿Cuál planeta tiene dos lunas? ______________________________
2. ¿Cuáles planetas no tienen lunas? ______________________________
3. ¿Cuál planeta tiene la misma cantidad de lunas que la Tierra? ______________
4. ¿Cuál planeta en el cuadro tiene la cantidad más grande de lunas? ____________
5. ¿Cuál planeta tiene la mitad de lunas que Júpiter? ______________________
6. ¿Cuántas lunas en total hay en nuestro sistema solar? ____________________
7. ¿De qué manera piensas que la Tierra sería diferente si tuviéramos dos lunas? ________

   ____

   ____

   ____

   ____

   ____

8. ¿Cuántos días le lleva a la luna girar una vez alrededor de la Tierra? ____________
9. ¿Cuál planeta tiene las lunas más grandes? ______________________________
10. ¿Cuándo fue la primera vez que el hombre llegó a la luna? ____________________

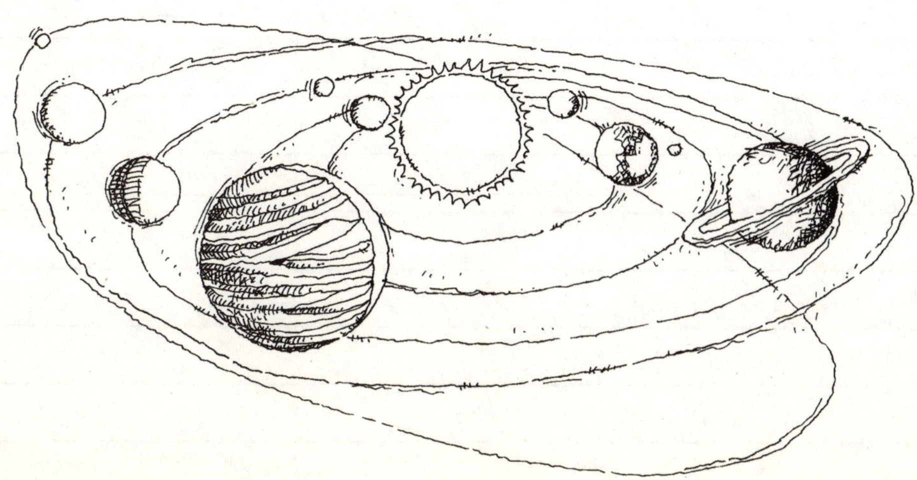

Nombre ______________________________

Hablar con los animales

¿Puede hablar un gorila? Los gorilas no forman palabras como lo hacen los seres humanos. Pero pueden hacernos saber lo que quieren decir. En la selva, los gorilas usan su cuerpo para comunicarse. Un gorila, Koko, aprendió el lenguaje por señas. Habló con sus manos, y entiende las palabras que los seres humanos le hacen con sus manos.

La Dra. Penny Patterson es una científica que enseñó el idioma de las señas a Koko. Ella le mostró a Koko una foto de las dos juntas. Penny señaló a Koko en la foto y preguntó, "¿Quién es esa?" Koko respondió escribiendo su propio nombre con señas, Koko.

Se ha podido enseñar a comunicar usando señas a otros primates. Varios chimpancés en cautiverio han aprendido a hablar bien usando señas.

En tus propias palabras, escribe qué es lo que sucedió en el cuento anterior.

____

____

____

____

____

____

____

____

____

____

Nombre ______________________________

Guiar el camino

Tessa es ciega. Tiene un perro guía que la ayuda. Su perro guía, Delia, la ayuda de muchas maneras. Delia guía a Tessa a la escuela. Delia es muy cuidadosa cuando ella y Tessa cruzan la calle. Tessa le puede decir a Delia que siga derecho, que doble o que se detenga. Delia escucha atentamente. Ella cuida a Tessa y también es su amiga. Tessa le da grandes abrazos a Delia. Delia se acerca a Tessa y le da unos besos grandes.

Muchas personas ciegas o sordas usan perros guías. Los perros les ayudan a ir a donde quieran y hacer lo que quieran.

Escoge cuatro palabras que describan al perro guía. Escribe las palabras en los cuadros.

Banco de palabras

mala bondadosa amable

amorosa enojada egoísta cuidadosa

Delia

Di por qué un perro como Delia es importante para Tessa.

Nombre ______________________________

¿Qué esperarías?

Lee cada cuento. Haz un círculo en la respuesta para decir qué va a suceder a continuación.

Isabel tiró una roca en un estanque. Se formaron círculos en el agua alrededor de la roca. Más y más círculos se fueron formando hasta llegar a la orilla.

1. ¿Qué sucederá si Isabel tira otra roca en el estanque?
   a. Toda el agua en el estanque se va a salpicar.
   b. Los círculos se extenderán por toda el agua.

Terry no come nunca nada dulce. Él fue a la fiesta de Gina. Gina sirvió sándwiches, palomitas de maíz y torta de cumpleaños. Terry se divirtió.

2. ¿Qué comió Terry?
   a. torta y palomitas de maíz
   b. sándwiches y palomitas de maíz
   c. helado y sándwiches

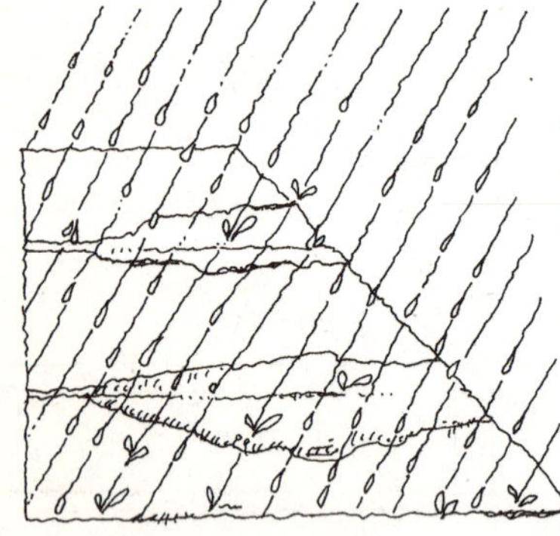

La lluvia cayó durante muchas horas. Se formaron charcos en las calles. Finalmente, el sol salió. La temperatura subió a más de 100 grados. La temperatura permaneció alta por dos días. No hubo más lluvia.

3. ¿Qué sucedió después de esos dos días?
   a. Los charcos desaparecieron.
   b. Los charcos fueron más grandes.
   c. Los charcos quedaron iguales.

A Chin le gusta contar. Ella cuenta todo. Ella cuenta hojas. Ella cuenta hasta las nubes. Mañana es la prueba de matemáticas. Chin practica contar y sumar toda la noche.

4. ¿Cómo le va a ir a Chin en la prueba?
   a. Le va a ir mal a Chin.
   b. María no va a tomar la prueba.
   c. Le va a ir bien a Chin.

Nombre ______________________

Arriba en el cielo, abajo en la tierra

¿En qué piensas cuando piensas en un pájaro? ¿Piensas en un animal que abre sus alas? ¿Piensas en él volando por el cielo? ¿Te sorprendería saber que algunos pájaros no pueden volar?

Los pájaros kiwi no pueden volar. Sus alas son muy pequeñas y no los pueden levantar. Los avestruces tampoco pueden volar. Al igual que los kiwis, sus alas no son lo suficientemente fuertes como para ayudarlos a volar. Los avestruces son los pájaros más grandes de la Tierra. Los pingüinos no pueden volar. Sus pequeñas alas se parecen más a las aletas para nadar. Sus alas los ayudan a nadar. Ellos viven en las costas de América del Sur y Antártica. El nadar les ayuda a agarrar pescados.

Escribe la respuesta correcta en la línea.

1. Este cuento es principalmente acerca de ______________________.
2. Las alas de los kiwis son muy ______________________.
3. Las alas de los pingüinos los ayudan a ______________________.
4. ¿Por qué son importantes las aletas de los pingüinos?

____

____

5. ¿Por qué no pueden volar los avestruces? ______________________

____

____

6. ¿Qué pájaro es el más grande? ______________________

Nombre ______________________________

Vertebrados

Los vertebrados son animales con columnas vertebrales. Pueden clasificarse en varias categorías. Esta tabla muestra las características de cinco tipos de vertebrados. Usa el cuadro para responder a las preguntas.

Clase	Anfibios	Pájaros	Peces	Reptiles	Mamíferos
Recubrimiento del cuerpo	piel	plumas	escamas	escamas	piel y pelo
Nacimiento	huevo	huevo	huevo	huevo	vivo
Toma leche materna	no	no	no	no	si
Sangre tibia o fría	fría	tibia	fría	fría	tibia
Respira con agallas o pulmones	agallas cuando es joven, pulmones cuando es adulto	pulmones	agallas	pulmones	pulmones

1. ¿Los anfibios tienen la sangre tibia o fría? ______________________________
2. ¿Qué clase de vertebrado bebe la leche materna? ______________________________
3. ¿Qué vertebrado respira con las agallas toda su vida? ______________________________

____

4. ¿De qué está cubierto el cuerpo de un pájaro? ______________________________
5. Da dos razones por qué los humanos deben ser mamíferos. ______________________________

____

____

____

6. De acuerdo con el cuadro, ¿qué tienen en común los anfibios, los peces y los reptiles?

____

____

____

Nombre ______________________

Comida del océano

La gente come muchas cosas que vienen del océano. Es probable que tú hayas comido varios tipos de pescados. El atún es un tipo común de pescado que la mayoría de la gente come. El pescado que se pesca más comúnmente en el mundo es la sardina. A algunas personas les gustan los camarones. A otras les gustan las almejas y las langostas. Las personas que viven en la costa por lo general comen muchos mariscos. La gente hasta come plantas del océano. Las algas son unas plantas del océano que le gustan a mucha gente. Es posible que tú hayas comido algas. Un tipo de alga se usa hasta para hacer helados. Las personas en los países asiáticos envuelven, a veces, el arroz en algas.

1. ¿De qué se trata principalmente el artículo?
   a. La gente come ciertos tipos de plantas del océano.
   b. a Algunas personas les gustan los mariscos.
   c. La gente come muchas cosas que vienen del océano.
   d. A la gente le gusta comer almejas.

2. Enumera 3 detalles específicos del artículo. ______________________

____

____

3. Escribe aquí la declaración objetiva del artículo.

____

____

4. ¿Qué te gusta comer que proviene del océano? ______________________

____

____

Nombre ______________________

Proyecto secreto de origami

Leer instrucciones requiere que se preste atención a los detalles. Sigue las siguientes instrucciones para hacer tu proyecto de origami.

1. Empieza con un papel cuadrado. Dóblalo a lo largo de la diagonal.
2. Luego haz la forma de una cometa; empezando en un punto plegado, dobla dos de los bordes exteriores de modo que se alineen a los largos del pliegue diagonal. Dobla el papel.
3. Da vuelta el papel.
4. Repite el paso 2, esta vez doblando los lados largos de la cometa hacia el centro.
5. Toca la esquina saliente con la esquina opuesta y alisa el papel.
6. Dobla la punta de la esquina saliente hacia atrás, un cuarto de pulgada.
7. Dobla el papel a la mitad hacia atrás, manteniendo a todas las capas en su lugar.
8. Tira suavemente el cuello del cuerpo. Aprieta la base del cuello hasta que quede plana.
9. Ahora saca suavemente la cabeza y alísala.
10. Abre ligeramente las alas.

Ya terminaste. Haz un círculo en la forma que acabas de hacer.

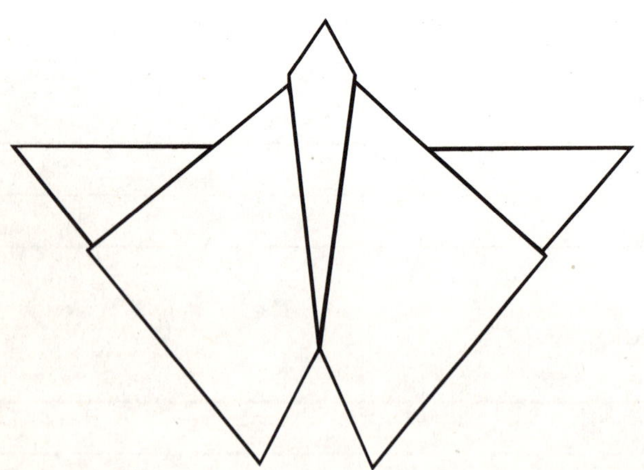

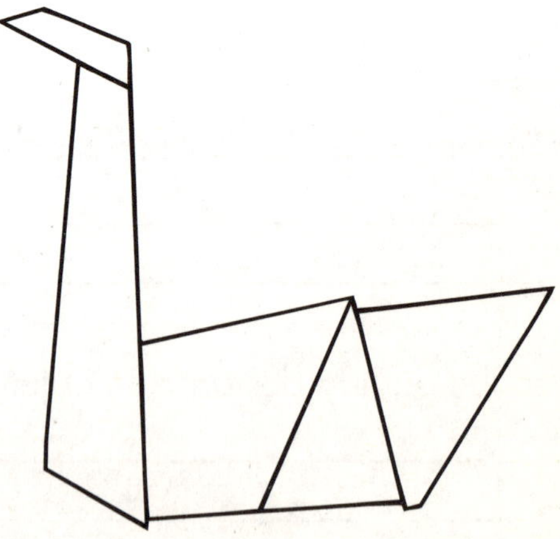

Nombre ______________________

¿Qué están haciendo?

Estudia la siguiente pictura y responde a las siguientes preguntas.

1. El artista que encabeza la fila es probablemente
   a. un indígena americano.
   b. un maya del Yucatán.
   c. un africano occidental.
2. Este espectáculo probablemente se realiza en
   a. un día frío de enero.
   b. un día fresco de otoño.
   c. una tarde calurosa de julio.
3. Las dos personas más altas que siguen al artista son probablemente
   a. las dos niñas más altas en este grupo.
   b. los adultos que rompieron la fila.
   c. los adultos que estaban acompañando al grupo.
4. Este evento se está probablemente realizando
   a. en los Estados Unidos continentales.
   b. en las planicies de África Occidental.
   c. en alguna parte del Yucatán.
5. Probablemente, estos niños están
   a. siendo iniciados en una sociedad secreta.
   b. aprendiendo acerca de otra cultura.
   c. mostrándole al artista un baile en línea popular.
6. La mayoría de las personas que miran a esta foto concluiría
   a. que no se debe forzar a los estudiantes a participar en salidas de campo.
   b. que aprender acerca de otra cultura puede ser una experiencia espantosa.
   c. que aprender acerca de la cultura de este artista fue entretenido para los participantes.

Nombre ______________________________

Haz el dibujo

1. En el centro del cuadro, dibuja una casa de un piso de unas 2 pulgadas de alto.
2. Coloca un porche en el lado izquierdo de la casa.
3. En el jardín del frente (debajo de la casa), muestra a dos niños jugando con una pelota de fútbol.
4. Más allá de la casa y a la derecha, coloca un gran árbol con una hamaca colgada de una rama.
5. Coloca un auto en la calle enfrente de la casa.
6. Muestra una vereda a lo largo de la calle. Crea un camino desde la vereda hasta la puerta de adelante de la casa.
7. Pon persianas en las dos ventanas de la casa.
8. Dibuja un jardín más allá de la casa, con un espantapájaros. Pon a dos cuervos grandes parados en el espantapájaros.
9. Ubica una fila de flores en el lado derecho de la puerta de adelante. Coloca un arbusto a la izquierda de la puerta.
10. El número de la casa es equivalente a 95 dividido por 5, más 200. Escribe el número por encima de la puerta.
11. Coloca un cerco de madera a lo largo de la parte de atrás del fondo (parte de arriba del cuadro). Un niño mira a través del cerco.
12. Cuelga un móvil del porche.

Nombre ______________________________

El paraíso del cul-de-sac

Donnie tiene tres compañeros de clase, Erin, Fabia y Glen. Les encanta estar al aire libre. Los puedes encontrar jugando en la calle cerca de sus casas. Sus casas están en cuatro calles diferentes, y cada uno de los cuatro jóvenes tiene un deporte favorito. Conecta a los niños con sus apellidos, calles y juegos favoritos. Utiliza el siguiente cuadro para ayudarte a tomar las decisiones.

	Howard	Ignatius	Jasperse	Kulak	Nob	Oakleaf	Pinto	Quincy	Croquet	Patin.	Pelota	Hockey
Donnie												
Erin												
Fabia												
Glen												
Croquet de calle												
Patinete												
Pelota rápida												
Hockey de calle												
Nob												
Oakleaf												
Pinto												
Quincy												

Claves

a. El jugador de pelota rápida tiene un nombre que es dos letras más largo que el niño Howard.

b. Ignatius vive en Quincy.

c. Glen juega croquet de calle como un profesional. Él no vive en Oakleaf.

d. El nombre de Ignatius aparece antes del de Kulak.

e. A Kulak le encanta el hockey de calle.

f. La casa de Donnie está en Pinto.

	Nombre	Apellido	Calle	Deporte
1.				
2.				
3.				
4.				

Nombre ______________________

Tengo un secreto

Usando nombres del banco de palabras, identifica cada animal que se describe a continuación.

1. Vuelo de noche y atrapo insectos. Tengo orejas grandes distintas de las de los pájaros. También tengo pelo.

   ____

2. Soy un tejedor. Atrapo mi comida por medio de mi arte. Muerdo a mi víctima para inyectarla con veneno así queda paralizada. Como mi comida cuando estoy listo, o dejo que mis hijos la coman.

   ____

3. Me encanta nadar, pero también vuelo bien. Mis plumas me mantienen caliente todo el día.

   ____

4. La mayoría de nosotros vuela de noche. Nos atrae la luz. Tenemos antenas con plumas y nuestros hijos se sientan en capullos.

   ____

5. Tengo una piel lisa y húmeda y vivo tanto en la tierra como en el agua. Mis hijos tienen colas y deben permanecer en el agua. Me encantan los insectos. Los seres humanos creen que me encantan los nenúfares.

   ____

6. Mis bebés se cuelgan de mí mientras busco comida. Tengo mucho pelo, pero tengo una cola suave y casi sin pelo. Algunas personas dicen que engaño a mis enemigos haciéndoles creer que estoy muerto.

   ____

7. Mastico las hojas verdes. Mis primos silvestres se confunden bien con el entorno, pero yo soy blanco. Soy peludo. Camino y salto por todos lados. Vivo en una madriguera.

   ____

8. Trabajo muy fuerte. Tengo seis patas y dos antenas. Uso mi boca para llevar cargas y puedo cargar mucho para mi tamaño. Algunos de mi familia pueden volar, pero la mayoría de nuestra gran colonia no tiene alas.

   ____

9. Cuando vuelo, mis alas baten tan rápido que parecen borrosas cuando las miras. Soy más grande que una abeja pero solo tengo dos alas. Puedo volar hacia atrás.

   ____

10. Revoloteo y vuelo en el sol. Me paro en los algodoncillos con todas mis seis patas y pongo mis huevos.

    ____

11. Mi sentido del olfato depende de mi lengua. Tengo escamas, no soy pegajoso. Puedo tragar a roedores enteros y dejar que mi cuerpo los digiera. Me deslizo más rápido en el césped. Cambio mi piel a medida que crezco.

    ____

12. No es una broma. Mis dientes son muy afilados y ataco a otros animalitos que nadan. He llegado hasta a comer pájaros que se paran en el agua. No soy exigente, solamente tengo hambre.

    ____

Banco de palabras

hormiga	murciélago
polilla	lucio
conejo	pato
sapo	picaflor
blue racer	mariposa monarca
oposum	araña

Nombre ____________________

¡Uy! ¡Lo siento!

Gerry ha planeado una fiesta para el viernes de noche. Cada niño debía traer una merienda. Cada niño trajo una merienda para una niña especial. ¿Puedes conectar los niños, las niñas y las merienda ? Usa el siguiente cuadro para ayudarte a tomar tu decisión.

	Fern	Gigi	Hanna	Iola	Jasmine	papas fritas	palomitas	galletitas	zanahoria/ apio	pretzels
Andrew										
Bao										
Charlie										
Don										
Emilio										
papas fritas										
palomitas										
galletitas										
zanahoria/ apio										
pretzels										

Claves:

1. Iola o Gigi tenía migas de galletitas pegadas en su ropa.
2. Emilio, que no adora a Fern, no trajo galletitas.
3. La niña que le encanta a Bao prefiere pretzels o hojuelas de papas fritas.
4. O bien Fern gusta de Don, o a la niña que le gusta a Don le gustan las palomitas, pero no ambos.
5. Andrew y Charlie gustan de Gigi y Hanna pero no necesariamente en este orden. A la preferida de Andrew le gustan las palomitas.
6. A Jasmine le encantan el apio y las zanahorias.
7. Iola, que no toca las hojuelas de papas fritas ni las galletitas, no está soñando con Emilio.

	Niña	**Tentempié**
Andrew		
Bao		
Charlie		
Don		
Emilio		

Nombre ____________________

Piensa en esto

Escribe **hecho** u **opinión** antes de cada declaración.

1. ________________ Los peregrinos trabajaron tan fuerte que se merecieron una fiesta.
2. ________________ El Dr. Maulunga Karenga es el maestro que fundó Kwanzaa.
3. ________________ Las placas hexagonales y las dendritas en forma de estrella son diferentes tipos de copos de nieve.
4. ________________ "Star Spangled Banner" es una hermosa canción.
5. ________________ John Adams fue el segundo presidente de los Estados Unidos de América.
6. ________________ Los triángulos rectos son fáciles de hacer.
7. ________________ Un cuadrado es una clase de rectángulo.
8. ________________ El "Gateway Arch" es el monumento más alto de Estados Unidos.
9. ________________ El Dr. Seuss escribió e ilustró más de 40 libros.
10. ________________ E. B. White fue un gran autor.
11. ________________ Jesse Owens ganó cuatro medallas en las Olimpíadas de 1936.
12. ________________ Los adoquines son piedras mayores de 6.4 cm pero menores de 25.6 cm en diámetro.
13. ________________ Las plantas necesitan luz y agua para crecer.
14. ________________ Las violetas africanas son hermosas, pero difíciles de hacerlas crecer adentro.
15. ________________ El ciclo de vida de un sapo es interesante.
16. ________________ Los gráficos son fáciles de hacer y de leer.

Nombre ______________________________

Un huracán

Un huracán es una tormenta poderosa que se forma sobre algunas partes del océano. Un huracán puede tener varias millas de ancho.

Un huracán consiste de dos partes principales: el ojo y las nubes de pared. El ojo es el centro de la tormenta. En el ojo, el clima está tranquilo. La tormenta alrededor del ojo se llama las nubes de pared. Tiene vientos fuertes y lluvias intensas. En algunos huracanes, el viento puede soplar a 150 millas por hora (160 kph).

A medida que la tormenta se desplaza sobre el agua, ocasiona enormes olas en el océano. A medida que la tormenta se mueve sobre la tierra, destruye edificios, y mata a personas que no se han refugiado. Las personas que viven en zonas en donde hay huracanes están preparadas para estas tormentas.

1. Explica el ojo de un huracán. ______________________________

____

____

2. Explica las nubes de pared de un huracán. ______________________________

____

____

3. ¿Qué daños puede causar un huracán sobre el agua? ______________________________

____

____

4. ¿Qué daños puede causar un huracán sobre la tierra? ______________________________

____

____

5. Rotula el diagrama.

ojo **nubes de pared**

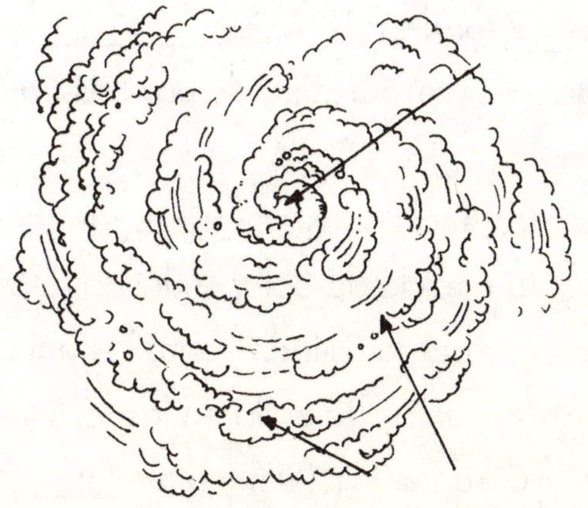

Nombre ______________________________

Cocinar cuidadosamente

Lee cuidadosamente la receta. Lee cada oración. Escribe **antes de** o **después de** en la línea para dar la secuencia correcta.

Enchiladas de pollo

Calienta el horno previamente a 450°. Corta el pollo cocido. Pon en un bol para mezclar. Agrega 4 onzas de chiles verdes picados y 6 cucharadas de cebollas picadas. Revuelve bien. Espolvorea 1 cucharadita de polvo de chili., $\frac{1}{2}$ cucharadita de polvo de ajo y 2 cucharaditas de sal y pimienta. Revuelve bien. Agrega $\frac{1}{2}$ taza de crema agria a la mezcla y revuelve bien.

En una sartén tibia, fríe 12 tortillas de maíz en aceite para ensalada hasta que estén apenas blandas. Escurre las tortillas. En el centro de cada tortilla, distribuye aproximadamente $\frac{1}{4}$ de taza de la mezcla de pollo. Dobla los costados de la tortilla sobre el relleno. Esparce 1 taza de crema agria en una asadera para hornear grande. Coloca las enchiladas de pollo en la asadera sobre la crema agria. Esparce crema agria adicional sobre las enchiladas. Espolvorea queso rallado encima. Hornea durante 8 a 10 minutos.

1. Precalentar el horno ______________ freír 12 tortillas de maíz.
2. Esparcir 1 taza de crema agria en la asadera ______________ picar el pollo.
3. Agregar 4 onzas de chiles verdes picados ______________ $\frac{1}{2}$ taza de crema agria.
4. Drenar 12 tortillas de maíz ______________ de freírlas.
5. Agregar $\frac{1}{2}$ cucharadita de polvo de ajo ______________ agregar 6 cucharaditas de cebolla.
6. Colocar las enchiladas en una asadera ______________ hornearlas.
7. Colocar la mezcla de pollo en las tortillas ______________ doblarlas.
8. Espolvorear queso rallado sobre las enchiladas ______________ drenarlas.
9. Colocar la mezcla de pollo en las tortillas ______________ drenarlas.
10. Hornear durante 8 a 10 minutoss ______________ comer las enchiladas.

Respuestas

No estás nunce solo ....página 4

Nombre	Banda	Física	Periodismo
Arturo	X		X
Isabel		X	
Carmen	X	X	
Daniel	X	X	
Eduardo	X		X
Flora	X	X	X
Geraldo		X	X
Héctor	X	X	
Ignacio			X
Jesús	X	X	X
María	X		
Lidia		X	X

Una discusión de seguimente sería util.

Lluvia, lluvia a vete ya ......página 5

1. No
2. No
3. Sí
4. No
5. Están tratando de hacer un arco iris al tirar agua con la manguera hacia el sol.

¿Y luego qué sucede? ....página 6

1. niño con abuela
2. maceta rellena
3. niño con abuelo
4. niña que consuela a su hermano

En la selva tropical.............página 7

1. sapo
2. jaguar y mono
3. culebra
4. hormiga

Trabajo en equipo..........páginas 8–9

1. equipos de animales
2. peces grandes
3. insectos grandes
4. seguros
5. respirar ó/y comer
6. Las abejas ayudan a las plantas a reproducirse distribuyendo el polen.
7. Los seres vivientes trabajan en equipos. Trabajan en equipos para estar seguros.
8. Las respuestas variarán.

De acuerdo o en desacuerdo ....página 10

1. O
2. O
3. H
4. H
5. O
6. O
7. O
8. O
9. Los párrafos variarán.

Duplicar datos ....página 11

1. 54
2. 29
3. 57
4. varones
5. 113
6. A
7. B
8. D
9. matemáticas
10. 11

¿Puede esto realmente suceder?............................página 12

1. Esto no puede realmente suceder.
2. Esto puede realmente suceder.
3. Esto puede realmente suceder.
4. Esto no puede realmente suceder.

Pájaros y dinosaurios........página 13
1. Algunos de
2. Todos
3. Ningunos de
4. La mayoría de
5. Algunos de
6. Todos
7. Ninguna
8. Muchos de

Un año en mi vida ......páginas 14–15
1. c
2. d
3. c
4. b
5. b
6. b
7. c

Solución de la contaminación ....páginas 16–17
1. se enferma; le puede venir cáncer
2. hace que la temperatura suba; contamina el agua y la tierra
3. humo; autos; productos químicos
4. plantar árboles; manejar menos; encontrar maneras más seguras para quemar

La Tierra es un rompecabezas.............página 18
Las respuestas variarán.

¿Qué dinero? ....página 19
1. $.05
2. níquel, moneda de cinco centavos
3. $10.00
4. $.01
5. penny, moneda de un centavo
6. $.10
7. $5.00

Trompas y cuellos ......páginas 20–21
Elefante: piel suave, gris, recoge alimentos con la trompa, trompa larga
Jirafa: cuello largo, animal más alto, patas largas, amarillo y marrón, pelo suave, busca la comida en los árboles altos
Ambos: animal, mamífero, bebés vivos, los bebés toman leche, viven en África

¡Puedo hacerlo!..........páginas 22–23
Comienzo: Ines le pide a Ricardo que esté en su equipo de cocinar. Eventualmente Ricardo está de acuerdo.
Mitad: Los equipos empiezan a cocinar. Ines tira la masa en el suelo.
Final: Ricardo salva el día y el equipo gana el laso azul.

¿Qué van a hacer? ....páginas 24–25
1. b
2. Las respuestas variarán.
3. a
4. Las respuestas variarán.
5. a
6. Las respuestas variarán.
7. b
8. Las respuestas variarán.

¿Qué manera de crece? ....página 26
Las respuestas deben reflejar que el jardín de Stefán está creciendo y el de Roberto se está muriendo.

Part Dos: Las respuestas variarán.

Caminar por la luna ....página 27
1. Apollo II
2. Neil Armstrong y Buzz Aldrin
3. Los vieron en la televisión.
4. No
5. Sí
6. Sí
7. Sí
8. Sí
9. O
10. O
11. H
12. H

Planetas y lunas ......páginas 28–29
1. Marte
2. Mercurio y Venus
3. Plutón
4. Saturno
5. Neptuno
6. 61
7. Las respuestas variarán.
8. 27 1/3
9. Júpiter
10. 1969

Hablar con los animales ....página 30
Las respuestas variarán.

Guiar el camino ....página 31
Delia—bonoadosa, amable, amorosa, cuidadosa
Delia es importante para Tessa porque la lleva a la escuela. La ayuda a cruzar la calle. La puede ayudar a ir a donde ella quiere ir.

¿Qué esperarías ....página 32
1. b
2. b
3. a
4. c

Ariba en el cielo, abajo en la tierra..............página 33
1. pájaros que no pueden volar
2. pequeñas
3. nadar
4. Las aletas ayudan a los pingüinos para que obtengan la comida.
5. Sus alas no son lo suficientemente fuertes.
6. avestruz

Vertebrades.......................página 34
1. fría
2. mamífero
3. pez
4. plumas
5. Nosotros tenemos piel y pelo; nacemos vivos; tomamos la leche materna; tenemos la sangre tibia; y respiramos por los pulmones.
6. Ponen huevos; no beben la leche materna; tienen la sangre fría.

Comida de océano ....página 35
1. c
2. La gente come almejas, langostas, atún, sardinas y algas.
3. El pescado que se pesca más frecuentemente en el mundo es la sardina.
4. Las respuestas variarán.

Proyecto secreto de origami ....página 36
La forma que hacen debe ser la de una grulla.

Una discusión y demonstración de seguimente sería util.

¿Qué están haciendo? ......página 37
1. c
2. b
3. c
4. a
5. b
6. c

Haz el dibujo ....página 38
(insertar dibujo)

El paraíso del cul-de-sac....página 39
1. Donnie—Jasperse—Pinto—pelota rápida
2. Erin—Ignatius—Quincy—patineta
3. Fabia—Kulak—Oakleaf—hockey de calle
4. Glen—Howard—Nob—croquet de calle

Tengo un secreto ....página 40
1. murciélago
2. araña
3. pato
4. polilla
5. sapo
6. oposum
7. conejo
8. hormiga
9. picaflor
10. mariposa monarca
11. blue racer
12. lucio

¡Uy! ¡Lo siento! ....página 41
Andrew—Hanna—palomitas
Bao—Iola—pretzels
Charlie—Gigi—galletitas
Don—Fern—hojuelas de papas fritas
Emilio—Jasmine—zanahorias/apio

Pienso en esto ....página 42
1. O
2. H
3. H
4. O
5. H
6. O
7. H
8. H
9. H
10. O
11. H
12. H
13. H
14. O
15. O
16. O

Un huracán ....página 43
1. El ojo es el centro de la tormenta donde el clima está tranquilo.
2. Las nubes de pared rodean el ojo. Tienen vientos muy fuertes y lluvias intensas.
3. Ocasionan olas gigantes.
4. Ocasionan inundaciones, destruyen edificios, y pueden hacer daños a las personas.

Concinar cuidadosamente ....página 44
1. antes de
2. después de
3. antes de
4. después de
5. después de
6. antes de
7. antes de
8. después de
9. después de
10. antes de